OBRA POÉTICA ORIGINAL DE

JERÓNIMO GARCÍA PÉREZ

(J E G A R P E)

ISBN: 978-1-291-65151-5

Registro de la Propiedad Intelectual
AB-172-2013
Nº de asiento registral 00/2014/365 Madrid

¿QUÉ PRETENDES DE MÍ? HE CAMINADO DE TU MANO POR EL SENDERO EN LLAMAS Y AL ABRIR LOS OJOS NO VI NADA MÁS QUE TINIEBLAS. AMOR, TÚ HAS HECHO ANSIAR A MI CORAZÓN LA DULZURA DE TU PRESENCIA, PUES YO SOY DÉBIL Y TÚ ERES FUERTE, ¿POR QUÉ LUCHAS CONTRA MÍ?

SOY INOCENTE Y TÚ ERES JUSTO. ¿POR QUÉ ME OPRIMES?

ERES MI PROPIO SER. ¿POR QUÉ ME HACES DAÑO?

ERES MI FORTALEZA. ¿POR QUÉ ME DEBILITAS?

LOS ARROYOS CORREN PRESUROSOS HACIA SU AMANTE EL MAR.

LAS FLORES SONRÍEN A SU AMADO EL SOL.

LAS NUBES DESCIENDEN A SU PRETENDIENTE EL VALLE.

SOY INVISIBLE PARA LAS FLORES, DESCONOCIDO POR LOS ARROYOS, IGNORADO POR LAS NUBES.

KHALIL GIBRAN.

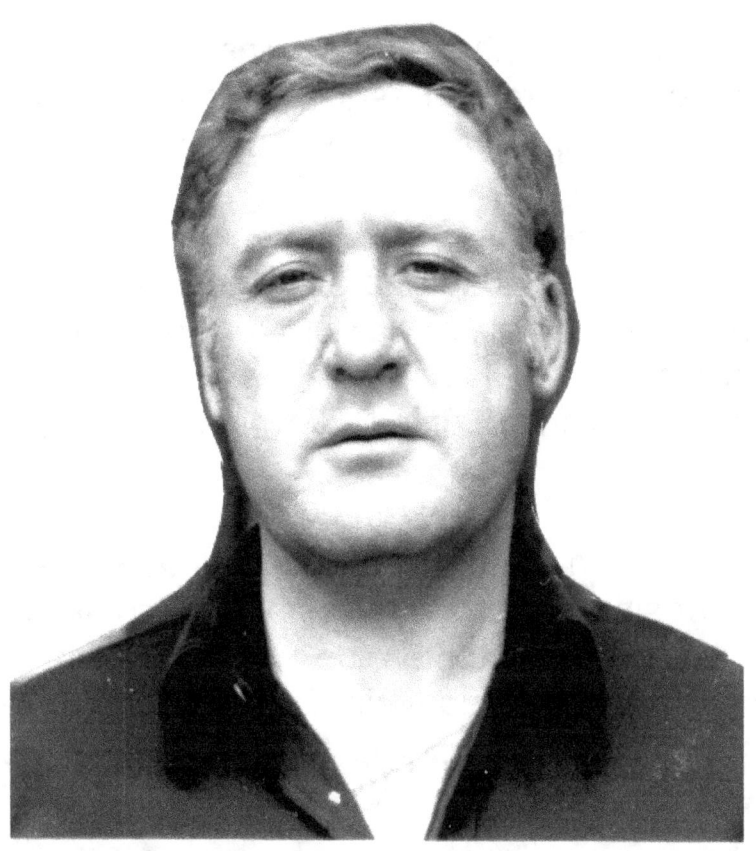

Estas tres baladas que conforman el presente volumen han sido entresacadas de ese acervo inacabable que es la mitología griega. Son tres mitos breves y sencillos a los que les he ido dando forma puliéndolos hasta adaptarlos a mi espíritu inquieto que busca ese don maravilloso del amor en medio del tedio y de la soledad que lo circundan hasta estrangularlo, haciéndolo lágrima incontenible.

He querido que fuesen tres historias infortunadas y trágicas de personajes atormentados para que estuviesen más acordes con los sentimientos de mi corazón, pero a la vez estuvo mi deseo de dotarlas de una fugaz brizna de felicidad telúrica y perecedera para hacer más real y terrible el final de cada una.

A buen seguro encontraréis en ellas un bagaje de pesimismo y amargura pero son éstos sentimientos que me han acompañado siempre y de los que no he sabido desprenderme.

Subyace en estas baladas una evidente dualidad entre el sueño que ennoblece mi alma y la dura realidad que lacera mi corazón, entre el deseo y la ansiedad en que se anega mi agostado amor y la verdad única de mi soledad que lo ahoga.

El tiempo futuro en el que están escritas es el más fiel reflejo de un amor sin esperanzas, de una felicidad sin fe, de una dicha inasible y sin horizontes, de una vida vacía y sin sentido, de una ilusión frustrada y sin caminos, fruto, quizás, no sólo de mi manera de ser, sino también del momento depresivo en el que me hallo inmerso.

MAYO, 1.980.

BALADA PRIMERA

CASTALIA.

CANTO I. ANSIA.

Iré a buscarte, amor,
Iré a tenerte, amada.

Será pronto, mañana, a la alborada,
cuando sacuda el ala de rocío
la tímida calandria, el ruiseñor
ahuyente, con el brío
de su canoro canto, el níveo frío
y las estrellas, flojas,
se vayan diluyendo en los clarores.

Iré a buscarte, amor,
cuando verdeen de hojas
los lánguidos hayedos y las flores
revistan de color
los bosques y los prados,
donde tú vives, sola, sin cuidados,
tú sola, sin favores.

¡Será la primavera!
¡Oh, dulce amada, bien, Castalia hermosa:
Será la primavera esplendorosa!

Tú me verás venir
desde el umbral de tu eternal espera.
Tú me verás surgir
de entre la bruma algente
-cansado peregrino
de amor, que ya no siente
los pasos ni el camino,
y entornarás los ojos,
y llenarás la albura de tu frente,
la satinada piel de tus mejillas,

con el bendito ardor de tus sonrojos,
y entreabrirás los labios reidores
en súplicas sencillas
de dichas y de amores
y extenderás los brazos
buscando mis abrazos
y brincará tu corazón de gozo
dentro del pecho, lleno de alborozo.

Y yo, viajero impar, sin estandarte,
sin meta, sin origen, sin reproche,
naciendo de la noche,
iré a tenerte, amor, iré a buscarte,
y aflorará la sangre en mis mejillas
y alargaré los brazos
buscando tus abrazos
y entreabriré los labios en sencillas,
tiernas y suaves súplicas de amores
y brincará de gozo
mi corazón, henchido de alborozo,
y haré caer al suelo
con dedos tembladores,
con manos ávidas, el claro velo
que encubre tu pureza,
dulce Castalia. ¡Y quedarás desnuda,
desnuda y sola! ¡Oh, incitadora, cruda,
real, la desnudez de tu belleza!

Iré a buscarte, amor,
iré a tenerte, amada,
temprano, muy temprano, en el albor
de la mañana fresca y renovada
cuando la densa bruma
de la ancha madrugada
deshaga en algodón de blanda pluma
su seno desabrido,

cuando se cubra de argentada escarcha
la yerba de los prados
y emprenderemos juntos, sin sentido,
la más gloriosa marcha
por un rayo de luz, despreocupados,
y forjaremos nuestro mundo grato
con el bagaje azul de nuestros sueños
humildes y pequeños
y nos daremos en un arrebato
recíproco, en un mélico sentir,
y se estremecerán
de gozo nuestros cuerpos y arderán
de cálido placer los corazones
en un sólo latir
y entonaremos un ferviente y loco
canto de amor preñado de ilusiones.

No nos importará nada morir,
Castalia, así, abrasados, poco a poco.

Iré a buscarte, bien, a la alborada.
Será la primavera,

¡la primavera, amada!,
la primavera plena de colores,
amena y placentera.
Será mañana, amor, en los albores
de un venturoso día.

¡Cómo te necesito, cómo ansía
tenerte el alma mía,
tenerte el alma sola!
Espérame en el bosque, estrella, guía
de mi pasar, sol denso y aureola
de luz de mi sentir aventurero.

Espérame, mujer.
Iré al amanecer,
apátrida, viajero,
sin nombre, solitario, iré ligero.

CANTO II. EL MUNDO DE CASTALIA

Te encontraré, Castalia,
galana y esplendente,
nardo el sagrado nimbo de tu frente,
guirnalda de áurea dalia
sobre tu suave pelo,
roja amapola el labio y la mejilla.

Te encontraré, flexible la rodilla,
flotando al viento el transparente velo,
saltando sin hartura,
como una corza joven y graciosa,
de flor en flor, como una mariposa
sutil, amable y pura,
como una mariposa veleidosa.

Yo te estaré mirando en la espesura,
sin que me puedas ver.
Te miraré correr.
Me llenaré de ti, de tu hermosura,
de tu gentil figura.
Veré tu cabellera
dorada, suelta, suave,
levísima y ligera,
flotando al sol y al viento, el rostro grave,
los ojos reidores,
verdes y soñadores,
la boca fresca, amable y sensitiva,
desnudo el blanco cuello,
túrgido el pecho de sedoso vello,
la frente ancha y altiva.

Yo te estaré mirando
sin que me puedas ver,
oculto en la espesura
Te miraré caer
exhausta, en el tupido césped, cuando
te sientas fatigada e insegura
por la carrera dura.
Veré, Castalia, tus rosados senos
bullir acompasados y calientes,
igual que dos palomas relucientes,
entre la yerba, mórbidos y plenos.

Veré cómo se funde y se condensa
como una nubecilla gris y densa
tu aliento, en la mañana
recién amanecida, fresca y sana.

Te miraré después,
Castalia primorosa,
mimar el nardo, acariciar la rosa,
cruzar cuitada campos de áurea mies
y prados de amapolas.

Te seguiré, mujer,
sin que me puedas ver,
a tus regiones solas.
Descubriré tu mundo caprichoso,
tu mundo hecho de flores,
de nubes de colores,
limpio y maravilloso.

   Mujer, te seguiré
por los senderos indoloros, leves,
que pise tu albo pie,
sin que lo notes, por donde me lleves.
Luego me sumiré
tímidamente, subrepticiamente,
calladamente, amor, en ese mundo
sin ruidos y sin gente,
donde tú sueñas, derredor magnífico
de tu pasar versátil y errabundo,
de tu vivir pacífico.

   Te seguiré, Castalia,
romántica y garrida
por la senda que marque tu sandalia
brevísima y florida,
sin que me puedas ver.
Te miraré correr,
alegre y cantarina, por la yerba,
lo mismo que una cierva,
flotando al sol y al viento tu cabello,
nardo el sagrado nimbo de tu frente,
túrgido el pecho de sedoso vello,
la boca vehemente.

   Descubriré tu mundo delicioso,
tu mundo hecho de auroras,
el mundo misterioso,

virgíneo, donde moras,
ese tu mundo mágico
mimado de azucenas y alelíes,
en el que sueñas, amas y sonríes,
en el que, a veces, lloras
-yo sé que lloras- tu destino trágico.

Te encontraré, Castalia,
guirnalda de áurea dalia
sobre tu suave pelo,
mejillas de amapola,
te encontraré, mi cielo,
sobre la yerba de los prados, sola.

CANTO III. LA FUENTE DEL LAGO.

Vencida y fatigada
por la carrera ardiente
te dejarás caer junto a la fuente
recóndita, tranquila, sombreada,
junto a la orilla, amor,
del lago encantador.

¡Oh, grato edén, soberbio paraíso,
lugar de promisión, tierra soñada!
El dios del orbe quiso
que todo fuera allí paz y armonía:
la tenue, melancólica,
serena y tamizada luz del día,
la dulce apacibilidad bucólica
del bosque y la ladera,
la plácida delicia
del fresno y la noguera
mirándose en el lago,
la primorosa y mística caricia
de un cielo azul y suave
y el melodioso y confortante halago
del cántico del ave.
Pero es la voz del agua cantarina,
bajando de los cerros inmediatos
en cientos de regatos,
la que le da la genuina
sonrisa de lugar privilegiado,
la que llena de míticos murmullos,
de cálidos arrullos,
el bosque, la montaña, el cielo, el prado,
la voz del agua cristalina y pura

bajando de la altura,
silueteando peñas,
canción sin fin de musgos y de breñas.

   ¡Oh, grato edén, edén resplandeciente,
lugar de promisión!

   Y en el edén, la fuente,
la fuente y la ilusión:
lugar umbroso, formidable gruta
de misteriosa boca,
fractura inaccesible de la roca,
sumida en la más densa y absoluta
penumbra, refrescada
por mil arroyos de agua despeñada
rompiéndose en iríseas
espumas, al pie mismo
del insondable abismo
que se abre más abajo, entre las gríseas
y humedecidas piedras,
llenas de oscuros líquenes y yedras.

¡Oh, grato edén, soñado paraíso!

Y en el edén, el lago,
rincón donde se escucha en impreciso,
desconcertante y vago
rumor, un canto hermoso y celestial
de orígenes ignotos.
El agua, allí, se aquieta,
serena y transparente, hecha cristal.
Nenúfares y lotos
salpican su tersura.
La yerba crece lujuriante y prieta.
Todo está lleno de quietud, de calma,

de bienestar. El alma,
radiante, estremecida, leve y pura,
se siente desmayar
de incontenible gozo.

¡Oh, grato edén, magnífico lugar,
jardín florido, trozo
de cielo deseado,
rincón donde el aliso
y el brezo crecen juntos! ¡Oh, soñado,
soberbio paraíso!

Vencida y fatigada
por la carrera ardiente
te dejarás caer junto a la fuente,
recóndita, tranquila y sombreada,
junto a la orilla, amor,
del lago encantador.

CANTO IV. EL ENCUENTRO

*Será la primavera.
Será el rimado sol de mediodía.
Tú te desnudarás, amada mía,
despacio, placentera,
junto a la fuente. Rodará tu velo
de transparente tul
y soltarás tu pelo,
dorado y flojo. Sobre el cielo azul
palpitará la albura de tu pecho.*

Dedos libidinosos
de luz cernida, entre los abundosos
ramajes de alto helecho,
recorrerán tu piel
lechosa y suave, con sadismo cruel.
Después, lánguidamente,
Castalia, dejarás que la delicia
del agua de la fuente
te meza en una cálida caricia.

Venus saliendo de las aguas puras,
la yerba lecho blando,
doblegarás el cuerpo en las honduras
del sueño, descansando.
Será el momento, amada,
la hora deseada,
la más propicia y próvida ocasión
que habrá estado esperando el corazón.
Me acercaré contento,
loco de dichas, ebrio de pasión,
como un fauno sediento
de amores y placeres.

Me acercaré, callado y sigiloso,
mujer, la más gentil de las mujeres,
hasta tu lecho mismo.
Te llenaré de besos, amoroso,
te aturdiré de halagos, generoso,
y beberé a saciar el optimismo
que irradia tu figura,
como si fuera un niño
desnudo de cariño,
desnudo de ternura
desnudo de ternura.

Despertarás al roce de mis manos.
Me mirarás, Castalia, sorprendida,
con tu mirada verdiazul, dolida,
plena de efectos cálidos y humanos.

¡Ay, dulce bien, paloma, amada mía,
gozarte y poseerte
con toda mi pasión hasta la muerte,
será mi fe, mi afán y mi porfía!

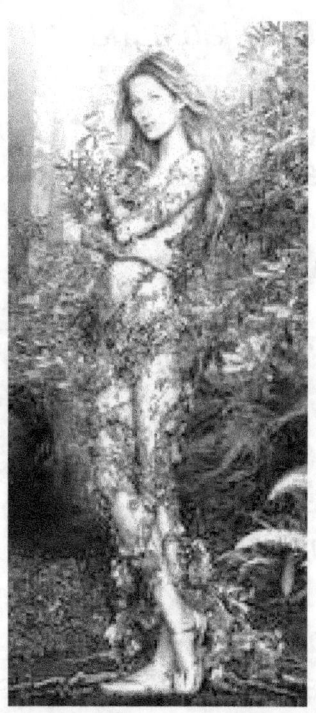

Mas huirás de mí, como gacela
que huye del predador
odiado, lo mismo que avezuela
que no quiere ser presa del azor.
Huirás, huirás de mí,
desasistida y débil,
flor delicada, mariposa flébil.
Yo correré, sediento, tras de ti.

No te amilanarán los peñascales
musgosos de la roca en tu carrera
magnífica y ligera,
que dañarán tu piel como puñales.
Y arribarás maltrecha,
vencida y agitada,
por la vereda estrecha,
difícil y empinada
de la roqueda, hasta la gruta oscura,
por la que se dilata
desde la agreste altura
la torrentera en ancha catarata
rugiente y espumosa.

Te detendrás, al fin, desfallecida,
sin fuerzas, temerosa.
Te detendrás, al fin, Castalia hermosa.
Y sentirás el ansia incontenida
de mi pasión doliéndote en la entraña
y notarás el fuego de mi aliento
sobre tu piel, con saña.
Y un estremecimiento
de dicha y de dolor
al mismo tiempo, un tembloroso espasmo
recorrerá tu cuerpo, en un orgasmo
no consentido, que ajará tu honor
sin mancha, tu candor
de virgen moradora
del bosque y de la fuente.

¡Oh, dulce amada, diosa seductora,
mujer resplandeciente!
¿Por qué tanto odio, tanta indiferencia?
Lacerarás, cruel, mi corazón
y desoirás mis ruegos de clemencia,
mis voces de perdón.

Y te me escaparás,
liviana, de los brazos,
y huirás de nuevo hacia la gruta, huirás,
cubierta de arañazos
por la cortante zarza, por la roca,
por el punzante espino
de que estará plagado tu camino.
Huirás de mí en una carrera loca.

Yo te veré partir.
Yo te veré marchar.
Será la débil luz crepuscular.
Será el breve morir
de la naturaleza.
Yo te veré caer
envuelta con el agua y la maleza,
grito solemne en el atardecer,
juguete de las rocas tu cabeza,
jirón sanguinolento
tu cuerpo delicioso,
tragado por el río impetuoso,
por el torrente negro y turbulento.

No volveré a soñarte más, amor.
ni volveré a quererte,
que yacerás en brazos de la Muerte
como un ente irredento y vengador.

Será la primavera, amada mía.
Será el atardecer.
No volveré a sentirme en tu alegría.
No volveré a soñarte más, mujer.

CANTO V. AUSENCIA.

Se acabarán contigo
mi amor y mi esperanza.
Se morirán en ti mi pena y mi añoranza.
Será mudo testigo
de mi dolor la fuente.
Regresaré a mi mundo
de bruma, vagabundo,
cansado peregrino
de amor que ya no siente
los pasos ni el camino.

Será la primavera,
será el atardecer, amada mía.
Retornaré sin ti a la paramera
desangelada, fría,
de la que nunca hubiera
de haber salido. Volveré cansado,
sin fe y sin voluntad, almo viajero
sin nombre, enamorado
del viento, solo. Volveré ligero.

Un coro de áureas voces
naciendo de las aguas encalmadas
del lago, llegará a mí en las ritmadas,
fragantes y veloces
alas del viento y ahogará mi pena.

Resurgirá una inédita esperanza
de la ceniza de tu amor, tan plena,
tan suave, tan serena,
que ahogará mi dolor y mi añoranza.

Vendrán a consolarme, sonrientes,
desde las nebulosas
regiones de Hipocrene las hermosas
y leves moradoras de las fuentes,
las enigmáticas inspiradoras
de amor tan inefable y tan fugaz,
las ninfas de los bosques, las cantoras
del orden y la paz.

Vendrá la Poesía,
triunfante, coronada
de yedra enaromada,
graciosa, portadora de alegría.

Vendrá, majestuosa,
con su corona de oro, la Elocuencia,
vestida de rosada transparencia,
contenta y presurosa.

Vendrá, madrugadora,
la pálida Celeste,
sobre el atardecer, deslumbradora,
desde las brumas del lejano este.
Vendrá la recta Historia
con todo el tiempo en la clepsidra clara,
para cantar la gloria
de mi querer sencillo,
bucólico, inmolado,
cruelmente, en el ara
del infinito prado,
del bosque oscuro, gris, verdiamarillo.

Vendrá también la Lírica,
coronada de mirtos y de rosas,
para adornar nuestra pasión onírica
de rimas amorosas.
Vendrá, con su guirnalda
de pámpanos, la trágica Cantora,
puñal al cinto de hoja brilladora
y aleve empuñadura de esmeralda,
para evocar, artera, tu final,
para cantar mi mal.
Vendrá la Elogiadora,
grave su rostro, cofia de laurel,
ojos de dulce miel,
meditabunda, seria y soñadora,
cantando un delicado himno al amor
glorioso y triunfador.
Vendrá, lira argentina,
marcando alegre el son de una esperanza
que nace repentina,
la deliciosa Danza.
Vendrá por fin la Música, solemne,
polícromo dechado de loores,
con su penacho de irisadas flores,
a deshacerse en cálido, perenne,
sutil cantar de amores.

   Vendrán a consolarme, sonrientes,
desde las nebulosas
regiones de Hipocrene, las hermosas
y leves moradoras de las fuentes.

   ¡Oh, qué canto gentil,
qué hechizadora y dulce melodía!,
¡qué cadencia, Castalia, amada mía,
llenando áurea y sutil
la plenitud del día!

No volveré a buscarte.
No volveré a tenerte.
No volveré a soñarte,
que yacerás en brazos de la Muerte,
sobre el espejo nítido del lago,
sobre la niebla suave de la fuente,
como un fantasma vago
del bosque y del torrente,
como un ente irredento,
doliente y vengador
de mi furtivo y enojoso amor.
Te sentiré en el viento,
te besaré en el agua placentera,
te llevaré en el alma noche y día.

Será la primavera,
¡será la primavera, amada mía!

Comenzada:
12 Octubre 1979.

Concluida:
23 Noviembre 1979.

BALADA SEGUNDA.

TESILA

CANTO I. LA ORGÍA.

Habrá llegado ya el dorado otoño.

Se teñirán de rubio
la acacia y el madroño
del bosque. Un vago efluvio
de mélica tristura
serenará los nítidos celajes
y llenará de oscura
pasión los melancólicos paisajes.

Mi alma, solitaria,
nostálgica, intranquila,
te buscará, Tesila,
desesperadamente,
sobre la niebla de la tarde varia,
desapacible, algente.

Sin rumbo, errático, caminaré.
Me dejaré llevar del corazón.
A donde quiera iré
y no me detendré a pensar por qué
cegado de una mágica emoción.

El bosque, de repente,
nimbado de áurea luz crepuscular…
El bosque legendario, secular,
cargado de calígines, enfrente
Me adentraré, impelido
por una fuerza poderosa, extraña,
que me obnubilará mente y sentido,
que me conducirá entre la maraña,
sin fe y sin voluntad,
hasta un calvero iluminado, suave,
fantástico, en mitad
del bosque milenario. Mi alma, grave,
nostálgica, intranquila,
te buscará, Tesila.
Habrá salido ya la luna llena,
cernida en el ramaje.

Se esfumará la tarde, en un celaje
brumoso y una noche ancha y serena
se irá enseñoreando del lugar.

   Estático, clavado
por un poder artero, singular,
cabe el tronco de un olmo viejo, ajado,
me esconderé y esperaré llegar
el óptimo momento,
llenos de dulce calma,
de grato sentimiento,
el corazón y el alma.

   Se irá poblando, a poco,
de una creciente y ronca melodía
la mística floresta,

que se convertirá en algarabía
terrible, en ritmo loco,
en báquica y vertiginosa fiesta.

   De todos los rincones
irán llegando hasta el albero claro,

cubiertas con crespones
negros, las feas brujas, al amparo
de las nocturnas sombras. Cien hachones
arderán en la niebla.
Cien horribles y roncas risotadas
de bocas desdentadas
sonarán en la lúgubre tiniebla.
Cien piruetas convulsas, trepidantes,
tejerán una danza
de desamor y de desesperanza,
de quejas delirantes,
que romperán la mágica atonía
del bosque silencioso.

Yo miraré la orgía
lleno de miedo, oculto, receloso,
perdido en el derroche
de negritud de la naciente noche.
Y esperaré, Tesila,
Tesila, esperaré,
con el alma nostálgica, intranquila,
solitaria. Mas no sabré por qué.

Ludirá la hojarasca seca y mustia,
temblará el suelo todo, con la danza,
con el grito senil de destemplanza,
con el ritmo cruel, lleno de angustia,
del horrible cortejo
y llorará de miedo el corazón
desamparado y viejo.

¿Qué esperaré, Tesila? ¿Qué razón,
qué sueño, qué ilusión
me retendrá en la tierra?,
¿qué ancestral fuerza fatua

me hará inmóvil estatua
de madroño y de yedra?
¿Qué esperaré, Tesila,
lleno de miedo, oculto, receloso,
perdido en la tranquila
noche clara del bosque misterioso?

¡Oh, dulce miedo, espera ilusionada!
Sólo estaré esperándote,
Tesila deseada.
Sólo estaré sintiéndote y amándote.

Allí estaré yo, ñoño,
pleno de soledad, de angustia fría.
Delante, el bosque, la infernal orgía.

Habrá llegado ya el dorado otoño.

<u>CANTO II. LA PROMESA DE AMOR.</u>

De súbito, surgiendo en la espesura
como una ninfa -vívida aureola
sobre el cabello, cara de amapola,
diosa de luz, espléndida hermosura,
vendrás, Tesila, en alas
de las tupidas sombras de la noche,
radiante y pródiga, sin un reproche.

Se alegrará el albero con las galas
de tu ritmada danza sonorosa,
danza de locos vuelos,
de vaporosos velos
flotantes, coreada por la ansiosa
cohorte de las brujas desdentadas.

Y yo te admiraré, Tesila hermosa,
princesa de las hadas,
ente ignorado y solo en mi rincón.
Me llenarán de mágica emoción
tu rubia cabellera,
deshecha en haz de plata por la luna,
desbaratada, rota, volandera,
tu boca roja, de placer ayuna,
perlada de sudor

por la veloz y desatada danza,
tu rostro en el que bulle la esperanza,
la muerte y el dolor,
el pálido fulgor
azul de tu mirada
perdida y hechizada,
el pálpito incesante de tu pecho,
la flexibilidad de tu cintura,
tu cuello grácil, tu infantil figura,
tus pies ligeros y albos.

       Al acecho,
desde el rincón de yedras y de helecho,
yo te estaré mirando,
flor blanca, delicada,
romántica, bailando,
resplandeciente, desesperanzada,
para un tropel nefando
de brujas insidiosas.

Sobre la fina cera
de una manzana mera
perdida entre unas ramas temblorosas,
junto a mí, grabaré,
con letras que perduren siempre, que
se hagan eternas en el pensamiento,
el más maravilloso juramento
la más grande promesa
de amor que habrá salido,
sincera, ilusionada, pura y lesa
del corazón ardiente y renacido.
Será un gentil ¡te quiero!
que volará certero
con la manzana hasta tu planta mismo,
será como un mensaje
de amor y de optimismo
que invadirá tu cuerpo dulcemente,
que poseerá salvaje
tu espíritu y tu mente.

Y cesará la danza bruscamente
y un coro horrible de chillonas voces
resonará en la sombra
y cien rostros feroces,
endemoniados, escudriñarán
la noche negra y crujirá la alfombra

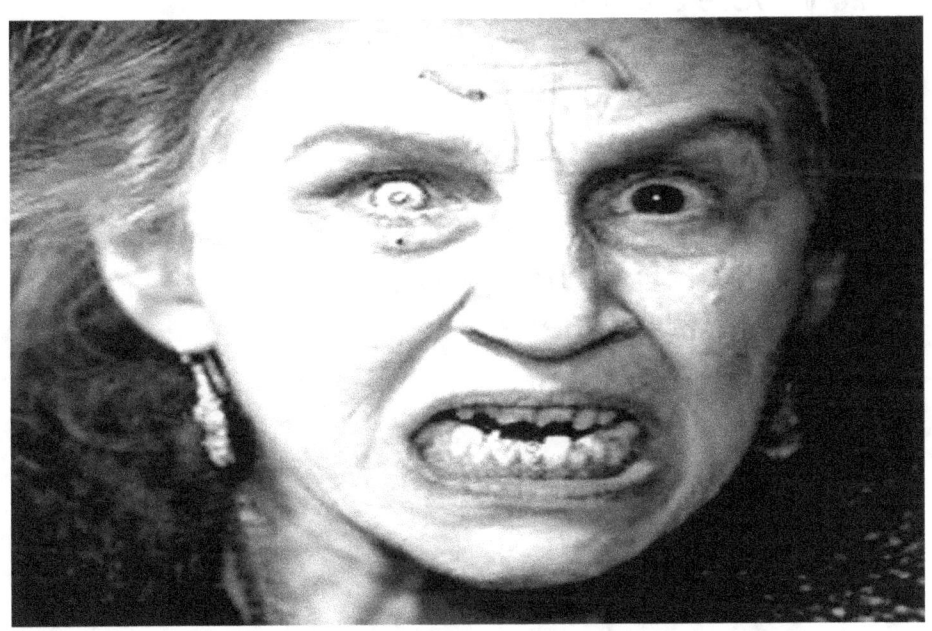

de secas hojas, ante el arduo afán
de cien apresuradas
y mórbidas pisadas
y martirizarán
mi conturbado espíritu pasiones
nunca sentidas, lúgubres visiones.

Huiré de allí desesperadamente,
con un vago temor indefinible
meciéndose en mi frente,
con un miedo inasible,
poniéndome alas en los pies ligeros.
Huiré de allí sin rumbo y sin sentido,
ciegos de ti los ojos traicioneros,
sordo de ti el oído.

Me llevaré conmigo
la imagen imborrable, leve y pura
de tu gentil figura.

Yo volveré, Tesila, a ti, contigo.
Yo volveré a tenerte
cuando despunte abril, cuando las flores,
amor de mis amores,
renazcan en los campos para verte.
Yo volveré contigo.
Yo volveré a tenerte,
Tesila, cuando ya no sea cautivo
tu cuerpo de la Muerte.

CANTO III. RETORNO

Pasarán tres otoños,
se vestirán tres veces
sus anchas desnudeces
los pálidos madroños
y las acacias frías
del bosque, con las hojas verdioscuras
de la recién nacida primavera.

Serán gloriosos días
Hasta la paramera
rebosará lindezas y hermosuras.

Mi alma solitaria, vehemente,
nostálgica, intranquila,

te buscará, Tesila,
desesperadamente.

Igual que una Penélope impaciente,
tres años esperando,
llena de sufrimiento,
llena de duda, amando
sin esperanza un nombre, un juramento,
decidirás, al fin, comprometerte,
de nuevo, con la Muerte.

¡Oh, triste decisión!,
¡oh, doloroso y pérfido deseo
que romperá otra vez mi corazón!

Retornaré un buen día, en tu himeneo.
Los campos estarán plenos de flores,
el páramo desnudo, de trigales,
el bosque, coronado de hoja tierna.
Vendré en tus esponsales,
vendré por ti, Tesila, en los temblores
de una mañana eterna.

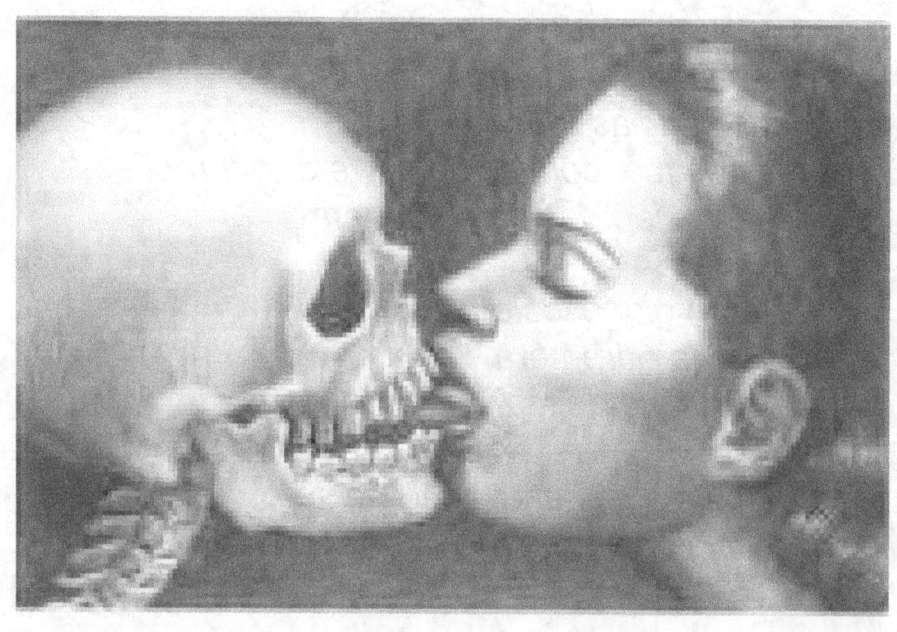

Blancos y leves tules
revestirán tu talle delicioso,
destellarán, azules,
tus ojos en el rostro primoroso
bajo la cofia de florida gasa,
mas no habrá en ellos gozo ni alegría,
sólo una breve, indiferente, lasa,
triste mirada fría.

Mirándole, dichoso,
macabro pretendiente,
recalcitrante esposo,
te abrazará la Muerte, ansiosamente.
Suave Tesila, tú le sonreirás,
casi sin ganas, desmayadamente,
tú la complacerás
con tu presencia dulce, en el albero
del bosque silencioso.

Allí estará el artero
cortejo pavoroso
de brujas, escoltándote.

Y allí estaré yo, amándote,
sintiéndote latir en mis latidos,
correr como un torrente por mis venas,
cegando mis sentidos.

Allí estaré yo, mínimo y pequeño,
rompiendo las cadenas
del sortilegio, del extraño sueño
de nuestro triste amor.

Te arrancaré del mundo en el que moras.
Te llevaré conmigo, en mi dolor,
pese a las brujas estremecedoras,
pese a la misma Muerte,
y emprenderemos una huida dura
por entre la espesura.

Yo volveré a tenerte
cuando despunte abril, cuando las flores
se vistan de colores.
Y emprenderemos una loca huida,
cogidos de la mano,
por la floresta fresca y renacida
del bosque soberano.

Yo volveré a tenerte,
Tesila primorosa,
pese a la misma Muerte,
pese a la corte horrible y pavorosa
y emprenderemos una intensa huida
por la enramada a nuestra nueva vida.

Retornaré un buen día,
Tesila bella, amor de mis amores.
Todo será alegría.
Los campos ya estarán llenos de flores.

CANTO IV. IDILIO.

Nos amaremos lejos, huidores
allí donde no lleguen
los ruidos, donde jueguen
con el almendro en flor los ruiseñores,
donde hayan margaritas y amapolas,
donde haya sólo donosura y bien,
en un ignoto edén,
en un edén, tú y yo, Tesila, a solas.
¡Oh, inenarrables horas,
instantes no sentidos
jamás, dulces latidos
del corazón, caricias turbadoras!

Los dos cabalgaremos
en un ardiente y único caballo
sin bridas y holgaremos
por la campiña pródiga de mayo.
¡Qué plenitud sentir
tu sangre por mis venas, como un fuego
maravilloso y luego

desfallecer, morir,
en un placer desconocido!

 ¡Qué grato bienestar
sentirme en ti, notar
el blando recorrido
de besos ardorosos
por nuestros cuerpos sanos, generosos!
¡Qué dicha contemplar la esplendorosa,
la blanca desnudez,
la suave calidez
de tu figura hermosa.
¡Qué gozo los abrazos consentidos
en el connubio lento
de los atardeceres encendidos!
¡Qué dulcedumbre, qué estremecimiento
saberte sólo mía,
Tesila amada, un día y otro día!

¡Qué espléndida ventura
posar sobre tu vientre la cabeza,

mirar hacia la altura,
cerrar los ojos llenos de pereza,
crear un mundo nuestro, tuyo y mío,
romántico y pequeño,
sin sombras, indoloro, como un sueño,
como un vano extravío!
¡Qué bendición amarte,
sorberme los sonrojos
de tus mejillas frescas, adorarte,
ahogarme en el abismo de tus ojos!

Los dos cabalgaremos
en un ardiente y único caballo
sin bridas y holgaremos
por la campiña pródiga de mayo.

Serán mudos testigos
de nuestros entusiasmos
los rubios cebadales y los trigos.

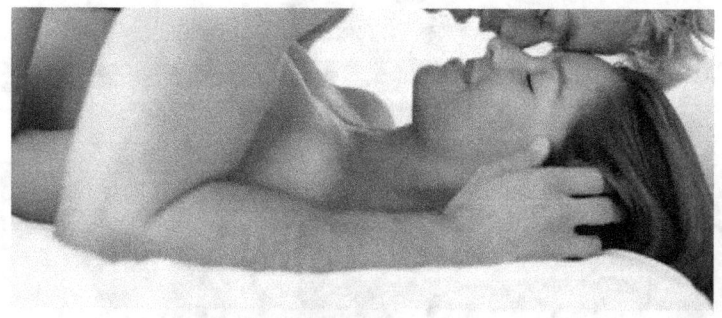

Harán temblar los cuerpos los orgasmos
brotados como flores
en los atardeceres.
Después, felices seres,
rendidos aún y llenos de sudores
nos tenderemos en el verde suelo,
desnudos, con los ojos en el cielo.

Vendrán, tiernas, las aves a cantarnos
rimadas melodías,
las brisas a arrullarnos.

Y así transcurrirán lentos los días,
en una interminable,
magnífica y amable
felicidad sin nombre,
sin tiempo y sin medida.
Tú, la mujer sentida,
yo, solamente un hombre,
tú y yo, los dos, cogidos de las manos,
solos los dos en nuestra soledad,
solos los dos, románticos y humanos,
en nuestra efímera felicidad.

Qué bendición, Tesila
tenerte junto a mí,
mirarte, ornar tu frente de azul lila,
de rosa y de alelí,
besarte hasta el desmayo,
saberte toda mía,
un día y otro día.
Será, resplandeciente y bello. mayo.

Nos amaremos lejos, huidores,
en un ignoto edén,

donde haya sólo donosura y bien,
donde los ruiseñores,
las margaritas y las amapolas
embriaguen los sentidos
de aromas y de ruidos.

En un edén, tú y yo, Tesila, a solas.

Los dos cabalgaremos
en un ardiente y único caballo
sin bridas y holgaremos
por la campiña pródiga de mayo.

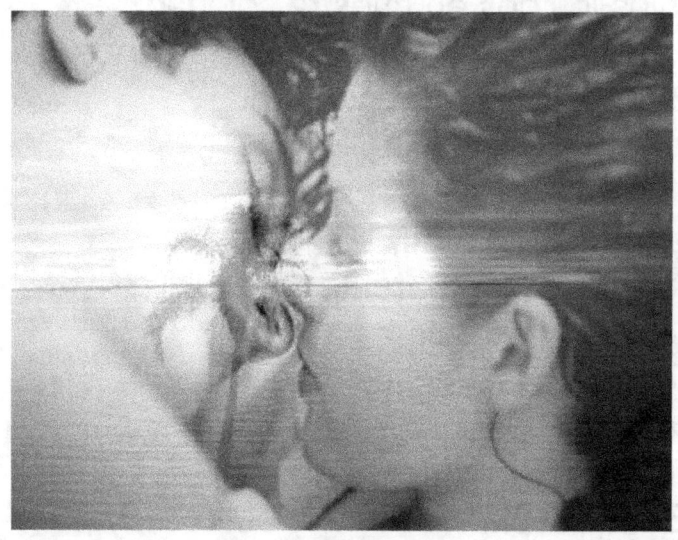

¡Qué bendición amada, amarte así!
¡Qué espléndida ventura
sentirme junto a ti,
sentirme en tu hermosura!
¡Qué grato nuestro amor,
sabernos ebrios de felicidad,
inmersos en el mágico esplendor
de nuestra gran verdad!

Todo será armonía,
Tesila, amada mía.

CANTO V. LA MUERTE.

Pero vendrá la Muerte, recatada,
furtiva y traicionera,
para robarnos la recién lograda
felicidad y, artera,
derrumbará nuestro rosado mundo,
las anchas ilusiones
de nuestros corazones
y un sentimiento de dolor profundo
flagelará, punzante, nuestros pechos
ansiosos y maltrechos.

La Muerte recatada y alevosa
se posará sutil, sobre tu frente,
como una mariposa
de negras alas, sigilosamente.

La Muerte, inconsentida,
pugnaz, sin estridencia,
se llevará tu vida,
Tesila, ante mi horror y mi impotencia.
Yo no podré salvarte
que ese será tu sino.
Ya no podré tenerte ni escucharte
que ese será mi trágico destino.

Pálida ninfa, hermosa
princesa, celestial
ser, yacerás lo mismo que una rosa
cortada del rosal,

sobre un lecho de helechos,
al aire la lozana desnudez
de tus ajados pechos,
la fláccida esbeltez
de tu figura inerte,
la cabellera suelta en hilos de oro.

*   Allí estarán, mirándote, la Muerte,*
triunfante ,y el horrible y negro coro
de las malditas brujas. Consternado,
sobre tu feble cuerpo, ya sin vida,
tu cuerpo venerado,
tu cuerpo tantas veces deseado,
pondré mi beso azul de despedida
y un paloma cálida,
como un vellón de albura,
se elevará en la altura,
rompiendo la crisálida
de carne en la que estaba prisionera.

*   Sobre tu lecho frío,*
la ausencia y el vacío,
de tu pujante juventud sincera.

¡Oh, sensación acerba!
¡No quedará ceniza!
Sólo tu tálamo de húmeda yerba.
Sólo tu imagen triste y huidiza
y una paloma de ritmado vuelo
cruzando, solitaria y blanca, el cielo.

Y huiré de la enojosa fealdad
de las cuitadas brujas y la Muerte.
Y huiré, para perderte,
por los caminos de mi soledad.
Y habrá en mi boca, siempre, una canción,
Tesila bienamada,
Tesila venerada,
nacida, pura, de mi corazón:

¡Bendita seas, porque me quisiste,
bendita porque hiciste
correr tu sangre ardiente por mis venas!

¡Bendita seas cuando estaba triste,
porque supiste mitigar mis penas!

¡Bendita seas porque me brindaste
los días más hermosos,
los más maravillosos
de mi existencia, porque me ofrendaste
tu cuerpo deseado!

¡Bendita seas porque hiciste día
mi noche, poesía
mi rutinaria vida, mi pecado!

¡Bendita seas porque me llenaste
de luz y claridad
la inmensa oscuridad
de mi peregrinaje, porque ornaste,
con sólo tu presencia,
mi mundo de tediosa soledad!

¡Bendita seas porque hiciste lumbre,
fulgor y transparencia,
mi flébil desamor, mi pesadumbre!

Se extinguirá en la tarde
la voz del corazón
como una llama tenue que ya no arde.
Se extinguirá en la tarde mi canción.

Y yo me quedaré sin ti, contigo,
sin ti, desnudo y solo,
como un liviano Apolo,
mirándote partir, Tesila, amigo
del viento, que te lleva hacia la altura,
contigo en el recuerdo,

contigo en la hermosura
del sueño en que te pierdo.
Los campos ya estarán plenos de flores,
y no podré besarte, poseerte,
Tesila bella, amor de mis amores.

 No volveré a tenerte,
pero estaré mirándote, mujer,
con la mirada y con el pensamiento,
en cada atardecer,
en la naciente luna que se asoma.

 Te miraré, mujer, en la paloma
que vuela con el viento.

Comenzada:
21 de Diciembre de 1979

Concluida::
26 de Febrero de 1980

BALADA TERCERA.

_A L M A._

CANTO I. ALMA SIN AMOR.

En una paramera
desnuda y desabrida,
como una triste flor desasistida,
desamparada y sola, prisionera
de un mágico designio, aherrojada
por un fatal conjuro,
por un destino oscuro,
te encontraré, perdida y asustada.
¡Oh, frágil Alma, que al amor negada
de todos los mortales
así yaces, sin voz, en los eriales!

Yo te amaré. ¡Yo sólo te amaré!
Yo, que voy por el mundo, carne y hombre,
sin ansias y sin fe,
yo, que no tengo nombre,
que no tengo caminos,
que me falta el amor, te encontraré,
y haremos uno sólo nuestros sinos.
Alma, ¡yo te amaré!

Náyade pudibunda
de incontenible lloro,
desparramada la melena de oro
sobre la estéril roca,
princesa de profunda
melancolía, temblorosa boca,
ayuna de caricias y de besos,
ojos insinuadores
de cálidos amores,
pechos de diosa virginal, posesos
de un angustioso y eternal por qué.
¡Alma, yo te amaré!

Y serás sólo mía
porque así estará escrito
desde el lejano y venturoso día
que fuiste luz y fe en el infinito.
Mía y de nadie más.

Y notarás mi abrazo vehemente
y no sabrás jamás
que te querré en secreto, dulcemente,
sencillamente, inadvertidamente.

　Yo te estaré mirando
soñar en tu colina, triste y sola,
zarandeada como una amapola
por un cierzo caliente, suave y blando.
¿Qué sueños bellos estarás soñando?
¿En dónde tendrás puesta
la luz de tu mirada?
¿Dónde estará tu pensamiento, amada?
¿Cuándo te harás respuesta?
Y el viento, mientras, moverá el vestido
de gasa transparente
y una pesada abulia persistente
te cegará el sentido,
te cerrará los ojos mansamente.

　Desamparada y sola te hallaré,
como una tierna flor
en una desabrida paramera,
princesa sin amor,
mujer sin primavera.
Alma, ¡yo te amaré!

　¡Te necesitaré
con toda la pujanza
de mi pasión dormida!
Serás mi salvación y mi esperanza.
Renacerás, ardiente,
sin voluntad, en mis vacíos brazos
y notarás correr brava y caliente
la sangre en mis abrazos,

y te estremecerás,
y me estremeceré.
Alma, ¡yo te amaré!
Alma, ¡tú me amarás!

* * *

El Céfiro, halagüeño,
murmurador, sencillo y recatado,
recogerá tu sueño,
tu sueño de mujer, ilusionado,
y entre sus alas ágiles y etéreas,
como un objeto blando y delicado,
te llevará, por las regiones aéreas,
azules y desiertas,
hasta un mundo indoloro, tuyo y mío,
de lontananzas fáciles y abiertas,
donde un eterno estío
de flores mágicas, inmarchitables,
presidirá nuestros amores sanos

en los lentos crepúsculos amables
de los interminables
y cálidos veranos.

   ¡Te llevaré el amor, la luz, la fe!
¡Alma, yo te amaré

CANTO II. EL PALACIO.

Despertarás de tu ávido y sencillo
sueño en un campo proverbial de flores,
en los alrededores
de un mágico castillo.
Deleitarán tu oído
las aguas de un arroyo, cristalinas,
alegres, cantarinas,
y te despojarás de tu vestido
ligero y transparente,
para sentir la cálida caricia
del agua sobre el cuerpo albo y caliente,
como ávida primicia
del paraíso que te rodeará.

Un magnífico sol invadirá
de claridad el campo de trigales,
cantarán en las frondas y en las flores
mirlos y ruiseñores,
calandrias y pardales,
y crecerán a cientos,
rojos y delicados, los rosales,
las margaritas y los pensamientos,
y tendrás al alcance de las manos
naranjos y cerezos,
ciruelos y manzanos,
creciendo entre romeros y entre brezos.

Despertarás de tu sencillo sueño
en un edén rosado,
donde la vida sea un logro ansiado,
un regalo tardío y halagüeño,
para el espíritu almo y conturbado.

Luego dirigirás,
inevitablemente,
tus pasos al castillo y entrarás
como impelida inexorablemente
por una fuerza extraña y misteriosa.

Correrás uno a uno los rincones,
pacífica y curiosa,
y admirarás los lujos y prestancias
de los ricos salones
y la suntuosidad de las estancias.

Te perderás, vagando
por entre corredores y pasillos,
Alma, e irás hallando
las puertas sin pestillos

y las ventanas sin fallebas, claras,
amplias y luminosas,
dejando entrar en ráfagas avaras
el fuerte sol en las umbrosas
y silenciosas salas misteriosas.

Oirás cantar afuera
las melodías suaves
y dulces de las aves
volando en una eterna primavera.

Mas no verás a nadie. Estarás sola
en un castillo gélido y vacío,
tu rostro de amapola
lleno de un cándido, mortal hastío.

Y esperarás, amada,
llena de angustia y miedo, dolorida,
la trágica venida
de la serpiente alada,
del monstruo terrorífico,
fantástico y magnífico,
que te asignó el oráculo doloso,
como feliz y venturoso esposo.

¡Ay, Alma atormentada!
Naciste para ser incertidumbre,
pasión desventurada,
pálpito, nieve y lumbre,
capricho de la humana
lujuria, beso y fuego
del amoroso juego,
placer de una lascivia soberana.

Temerás la llegada del amante,
de la serpiente horrible y misteriosa
que vendrá hasta tu tálamo, arrogante,
para hacerte su esposa.
Mientras, esperarás por los salones
desiertos del castillo,
llena a la vez de miedo y de ilusiones.

Alma errabunda, corazón sencillo,
mujer, no temas más,
que yo vendré ligero
cuando la noche llegue y gozarás
del más hermoso amor, del más sincero.

Busca tu lecho ya,
tu lecho blando que te está doliendo,
que el sol se está poniendo,
que el día ya se va.

<u>CANTO III. LA NOCHE,</u>

Cuando llegue la noche,
sumido en la profunda oscuridad,
vendré a tu soledad.
Seré un ardiente y mélico derroche
de besos y delicias
y tú me entregarás sin un reproche
tu cuerpo vehemente de caricias.

Me llegaré a tu lecho
lleno de generosa
pasión y beberé la húmeda rosa
de tu lechoso pecho.
Te basaré en los labios y en la frente,
te besaré en las manos y en los ojos,
tan suave y dulcemente,
que notaré el calor de tus sonrojos
y sentiré en tu piel
correr la sangre cálida y ardiente
y escucharé, Alma fiel,
el rítmico y acelerado son
que se te escapará del corazón.

Sorberé de tu boca los respiros,
todos tus hálitos enaromados
y haré que se conviertan en suspiros
breves y apasionados.

Recorreré con ávida codicia
la limpia esplendidez
de tus sedosos brazos,
la oronda morbidez
del vientre en una cálida caricia,
la prieta turgidez
de tus flexibles muslos. Mis abrazos
harán temblar tu cuerpo y sentirás
que te unes más y más
a mí en eternos y anhelados lazos.

   Yo haré que se resbalen
mis dedos ágiles por el pubiano

vello que cubre tus secretas curvas
y haré que se regalen
tus carnes en un gozo soberano
y notarás por fin que te masturbas
en un magnífico estremecimiento.
Sabrás por vez primera el sentimiento
de un fálico placer,
tu cuerpo contra el mío,
los dos unidos en un sólo ser,
corriendo como un río
tu sangre con mi sangre, respirando
tu aliento con mi aliento.
No mediarán palabras, sólo un blando
susurro, un enigmático lamento.

Después, llenos de paz,
con la mirada errática y fugaz

perdida en las estrellas,
que se nos entrarán por la ventana,
traslúcidas y bellas,
pensaremos en un nuevo mañana,
lleno de hermosas y áureas ilusiones,
repleto de pasiones.

   Antes que nazca el día,
furtivo y sigiloso,
te dejaré en el lecho, amada mía,
y no osaré turbar
tu sueño primoroso,
mas volveré al anochecer, dichoso,
y tú me has de esperar
con un febril deseo en el semblante,
gozosa y anhelante.

   ¡Oh, Alma sólo para mí creada,
sufrir será tu sino
y amarme tu destino!
Serás mi dulce amante.
Serás mi dulce esposa desilusionada.
Gentil y frágil mariposa errante,
viajera sin descanso, vagabunda,
prolífica y fecunda:

　　Nunca podrás dejarme.
Seré siempre tu amo y tú mi ama,
yo el tronco y tú la rama,
yo el juncal de la estepa solitario,
sereno, mesetario,
y tú el viento que viene a susurrarme
su cantar eternal de reciedumbre,
yo la nieve y el frío,
tú la llama y la lumbre,
yo la estática roca, fija y presa,
tú el apátrida río
que pasa y no regresa,
yo la yerma llanura,

magnífica y grandiosa,
tú la prístina rosa
que nace para mí pálida y pura.
Yo la tierra asperiega,
desagradable y dura,
tú la lluvia que riega
y el sol de los trigales que madura.
Yo la noche, tú el día,
yo materia y pecado,
tú etérea poesía
cántico que no cesa, verso alado...

¡Oh, Alma sólo para mí creada!
La noche llegará,
llena de sombras, sutil y recatada.
Busca tu lecho ya
que yo vendré ligero,
como noctámbula y anónima ave,
romántico y sincero,
desconcertante y suave.

CANTO IV. LA ENVIDIA Y LA AMBICIÓN.

Te pediré que guardes mi secreto:
Que no quieras saber
quien viene a amarte, lánguido y discreto,
en cada anochecer,
que nunca intentes, Alma, conocer
el rostro de tu amado nocherniego,
del que te quiere con silente apego,
de aquel que viene pleno de placer,
oculto en la perversa oscuridad
para ser lumbre y fuego,
para llenar de luz tu intimidad.

Sé que me perderás
y yo te perderé
la noche aquella que
descubras la verdad de mi hermosura.
Sé que te asombrarás
de mi belleza para ti vedada.
Y huiré. Y comenzará tu desventura,
¡oh, Alma sólo para mí creada!,
Alma desconfiada,
preñada de amargura,
transida de dolor.
No encontrarás en mí a la sierpe alada,
sólo mi desamor,
sólo mi indiferencia.

Vendrán a perturbar tu corazón
la Envidia y la Ambición.
Tú las escucharás con complacencia
y nacerá la gárrula traición.

        Así, una oscura noche,
cuando acuda a tu tálamo de rosas
tú me recibirás sin un reproche,
como todas las noches ardorosas
pasadas junto a mí.
Y buscarás con ansia y entusiasmo
el goce extremo, el dulce frenesí,
la dicha de un orgasmo
radiante, loco, intenso,
que será como un grito redentor
en el silencio denso
de las vacías y desnudas salas,
como un revelador
signo de nuestro amor,
como un batir de alas
en la voluptuosa oscuridad
de la caliente estancia,

tantas veces testigo y abundancia
de nuestra intimidad.

Pero me vencerá el sereno sueño
con su dorado velo ancho y sutil
y alumbrará las sombras el pequeño
y débil resplandor
artero del candil
que cegará mi rostro. Vengador,
debajo de la almohada
de seda, surgirá, siniestro, el brillo
del trágico cuchillo.

Mas no verás a la serpiente alada,
sino mi faz hermosa,

mi cuerpo esplendoroso,
y quedarás, esposa,
prendada del esposo

que te predijo tu desconfianza.
Recordarás así, con aflicción
la venenosa y déspota asechanza
lesiva de la Envidia y la Ambición.

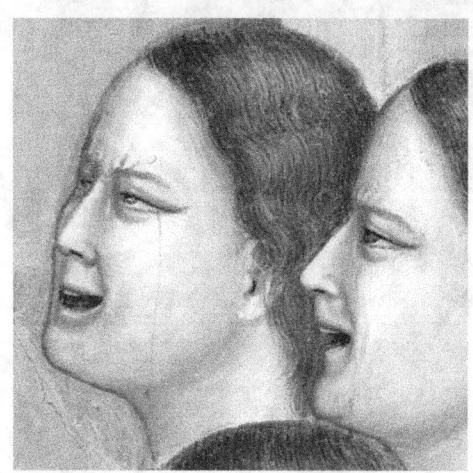

¡Oh, Alma, pobre Alma,
llena de dudas en el oleaje
de la vida! Ya no tendrás la calma
que irás buscando en tu peregrinaje.

Me iré de ti. Me alejaré de ti.
Te dejaré desnuda
de amor, forcejeando con tu duda.
Te dejaré sin mí.

¿Por qué querer saber?
¿Por qué ese absurdo y mundanal empeño?
¿Por qué, por qué no ser
ola y semilla y ala y verso y sueño,
siempre, siempre, por el mismo camino
que te marcó el destino?

Te dejaré en tu lecho
de seda, oliendo a rosas,
con el atardecer, bajo tu techo
de sombras vagarosas.
Afuera quedará rugiendo el río.

La aurora habrá llegado y el rocío
pondrá su perla líquida en las flores
de nítidos colores
y llenarán de suaves
trinos el campo las canoras aves.

Te dejaré sin mí.
Te dejaré desnuda
de amor, forcejeando con tu duda.
Me alejaré de ti.

<u>CANTO V. BÚSQUEDA.</u>

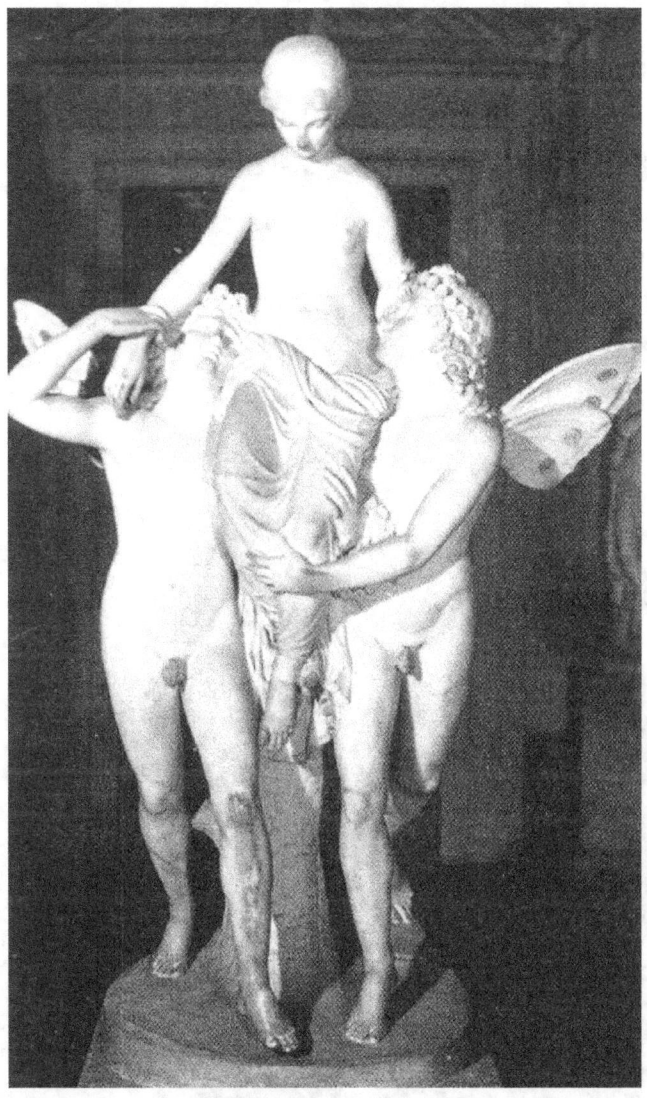

Entonces, Alma mía,
comenzará la dura
prueba de tu andadura.
Será el temido día, el triste día
de tu peregrinaje.
Y emprenderás el viaje,
la trágica aventura,

desnuda e infeliz, sin equipaje,
buscando el esplendor
efímero y dorado del Amor,
perdido para siempre en una noche
de novilunio, oscura,
sobre tu frente mi eternal reproche,
sobre tu corazón la escocedura
de una desconfianza
cruel y traicionera,
de una desesperanza
sin horizontes, imperecedera,
invento de la Noche y del Destino.

Serás un aleteo
de luces, un deseo
de gloria, un ansia loca en el camino
que irás dejando atrás.
No encontrarás jamás
descanso ni sosiego.

Caerás, caerás, caerás,
y con la sangre fresca, como fuego
surgido de tu fe avasalladora,
te irás haciendo verso
sutil, rima sonora.

Serás a la vez Nada y Universo,
serás a la vez lágrima y sonrisa,
aurora mansa y sol impetuoso,
junco que se resiste, poderoso,
a ser desenraizado por la prisa
del río que no cesa
y vendaval brioso
que cruza la llanura y no regresa.

Serás rama de roble
y ala de mariposa,
rama de roble solitario y noble
y ala de mariposa vagarosa.

Serás onda en el mar
y nube en los cendales,
rayo de luz lunar
y beso en los trigales.

Serás niebla difusa, densa bruma
y claridad y espuma
de plata en los umbrosos manantiales.
Serás, en fin, espíritu irredento,
juguete del Destino,
voz que pasa y se queda en el camino,
voz estéril, vacío sentimiento,
cantar de hielo y nieve,
palabra rota en mil fragmentos, leve
poema herido llevado por la brisa

vana de una ilusión que no se acaba
nunca, nunca, ferviente poetisa
sin tiempo y sin edad,
luchando sola, brava,
pugnaz, inasequible,
por un puesto inasible
de vida eterna, de posteridad.

   ¡Ay, Alma apátrida, cosmopolita,
fe vagabunda, flor
en busca del amor!
¿Dónde hallarás esa fugaz, finita
dicha, nunca lograda?,
¿cuándo terminará, vano, infecundo,
tu éxodo errabundo,
tu hégira agitada?

Caerás, caerás, caerás
y te levantarás

con la sangre pegada al rostro, seca,
de la tierra y del polvo del camino
y arañado, cruel, por el espino,
transformado en tristísima mueca,
y empezarás de nuevo
con una fe encomiable, con tesón,
alma asendereada, corazón,
tu exilio hacia el Amor,
hacia ese augusto y rubicundo efebo,
causa de tu dolor,
que huyó de ti, mujer,
en un amanecer
con plenitud de estrellas todavía,
perlado aún de escarcha y de rocío
y con rumor del río.

Mas nunca llegará, nunca, ese día
feliz y presentido.
Se fue y no volverá.
Será un recuerdo plácido. Será
sólo un ardiente sueño ya perdido.

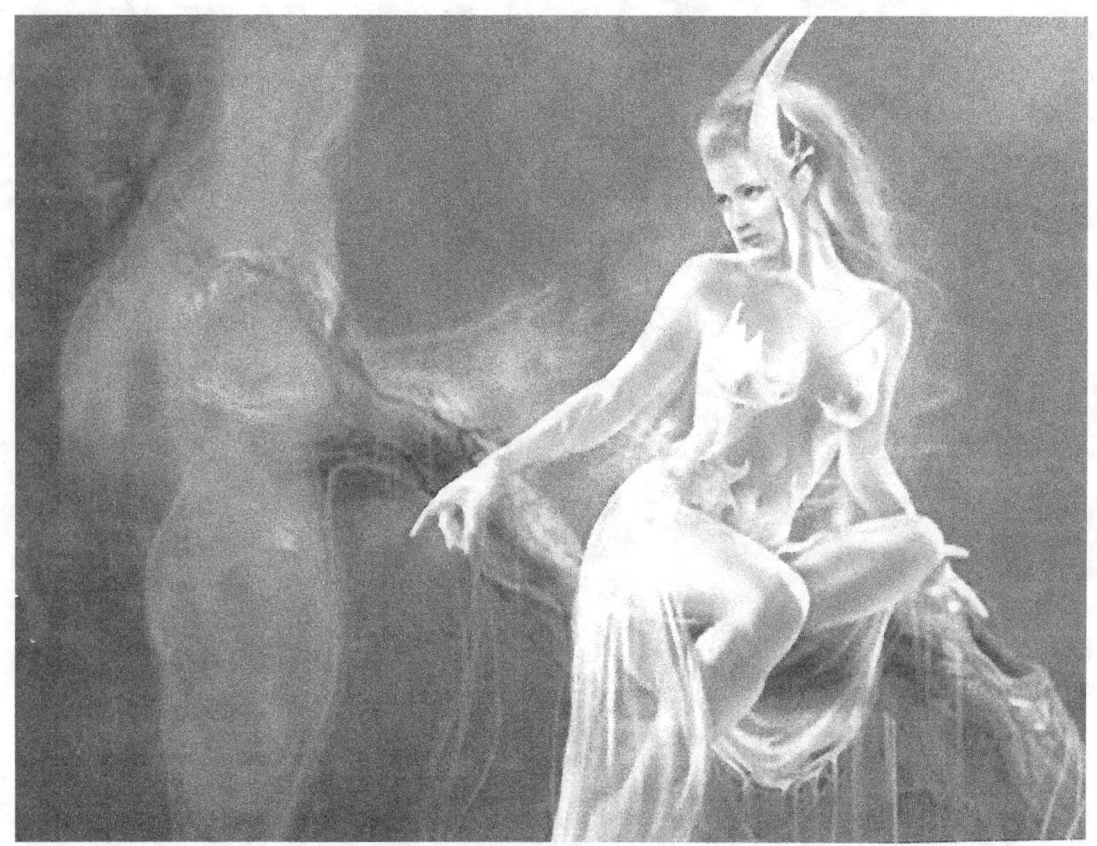

¡Ay, Alma, apátrida y cosmopolita,
vaivén de las pasiones,
corola en un erial, sola y bonita,
mendiga de perdones!
Proseguirás tu ruta sin desmayo,
sin desfallecimiento,
proseguirás tu ruta siempre en pie,
buscando el tenue rayo
del amor que redime, de la fe
que acrecienta palabra y sentimiento.

Oh, Alma, sólo para mí creada!
¡Seguirás siendo lumbre,
sentir de reciedumbre,
canción desesperada,
corazón, rima, cumbre,
sólo un rayo de luz,
entraña de tu cruz!

Comenzada:
28 de Febrero de 1980

Concluida:
4 de Mayo de1980

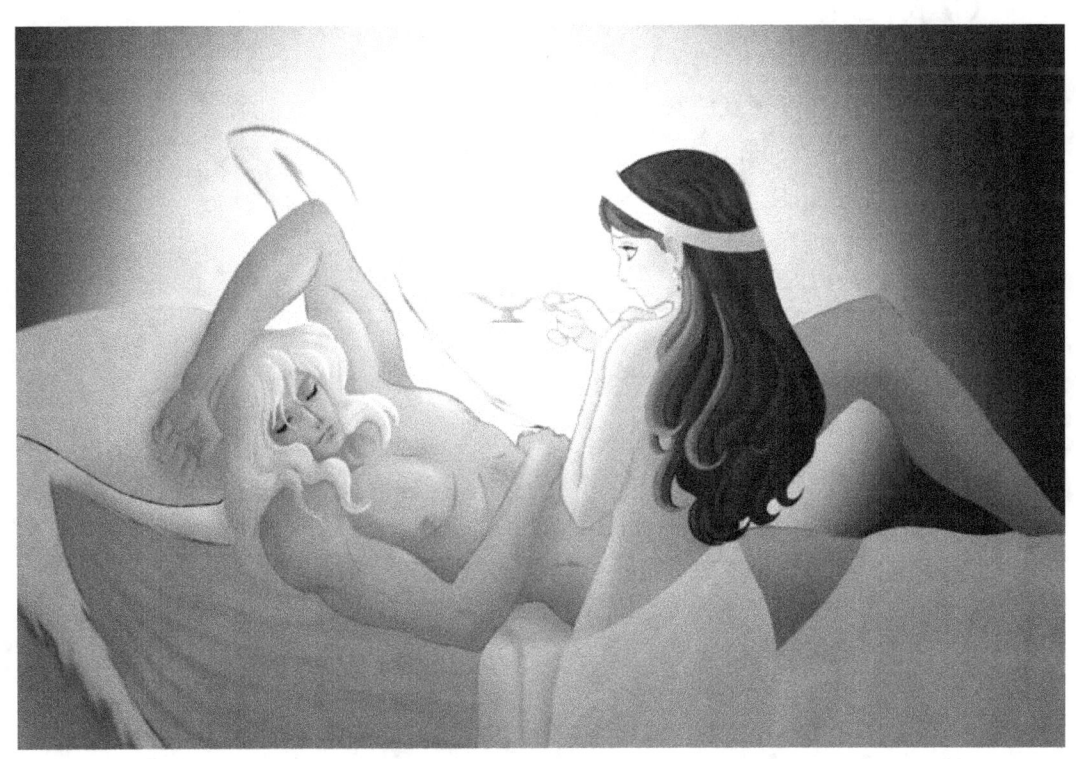

ÍNDICE.

www.ingramcontent.com/pod-product-compliance
Lightning Source LLC
Chambersburg PA
CBHW081405280526
45788CB00009B/2996